Z Renan 5959

Paris
1889

Picavet, François

Histoire des rapports de la philosophie et
de la théologie

L'HISTOIRE DES RAPPORTS

DE LA

THÉOLOGIE ET DE LA PHILOSOPHIE

PAR

M. F. PICAVET

MAITRE DE CONFÉRENCES A L'ÉCOLE DES HAUTES ÉTUDES

Extrait de la *Revue internationale de l'Enseignement*
du 15 décembre 1888.

PARIS

ARMAND COLIN ET Cie, ÉDITEURS

1, 3, 5, RUE DE MÉZIÈRES

—

1889

L'HISTOIRE DES RAPPORTS

DE LA

THÉOLOGIE ET DE LA PHILOSOPHIE

PAR

M. F. PICAVET

MAITRE DE CONFÉRENCES A L'ÉCOLE DES HAUTES ÉTUDES

Extrait de la *Revue internationale de l'Enseignement*
du 15 décembre 1888.

PARIS

ARMAND COLIN ET Cie, ÉDITEURS

1, 3, 5, RUE DE MÉZIÈRES

—

1889

L'HISTOIRE DES RAPPORTS

DE LA

THÉOLOGIE ET DE LA PHILOSOPHIE

Un maître éminent esquissait, en 1869, dans un ouvrage célèbre, la psychologie de l'idée et du sentiment religieux, vantait les travaux de l'école de Tubinge, de Strauss, de Reuss, de MM. Renan et Havet, Schérer et Larroque, Maury et Albert Réville. Il signalait, comme une œuvre grande et belle à entreprendre, une histoire des religions qui comprendrait toutes les doctrines et institutions de ce nom, depuis les plus primitives et les plus grossières formes du fétichisme jusqu'au christianisme, et se demandait qui aurait la vie assez longue, la science assez vaste, la patience assez grande, la pensée assez haute et assez ferme, pour essayer d'élever un tel monument (1). Ce qu'un seul homme n'oserait peut-être entreprendre sera mené à bonne fin par le concours des philosophes, des historiens, des théologiens, des philosophes, faisant connaître chacun la partie de ce vaste domaine qu'ils sont le mieux à même d'explorer. Déjà les historiens ont publié des travaux importants pour lesquels ils ont employé l'excellente méthode qui a renouvelé en ce siècle les études historiques; les philologues ont éclairé et complété les indications trop vagues que nous ont transmises les anciens sur les religions orientales; les théologiens, protestants et catholiques, semblent comprendre que l'histoire des dogmes est nécessaire à qui veut les défendre et les faire triompher; les philosophes ont étudié le bouddhisme, le mahométisme, le judaïsme, le christianisme. La science des religions a en France sa Revue spéciale; la *Revue critique*, la *Critique philosophique* et surtout la *Revue philosophique* font connaître à leurs lecteurs les travaux qu'elle suscite; elle est enseignée au Collège de France et dans une École pratique, où l'on prépare pour l'avenir des auxiliaires aux maîtres qui l'ont mise en honneur.

Quel objet doit se proposer dans ses recherches, quelle mé-

(1) Vacherot, *la Religion*.

thode doit pratiquer celui qui souhaite collaborer à cette œuvre scientifique en étudiant l'histoire des rapports de la théologie et de la philosophie?

I

On a examiné, à un point de vue spéculatif, les rapports de la philosophie et de la théologie, de la raison et de la foi. Le catalogue serait considérable des ouvrages dans lesquels théologiens, savants, philosophes ont cherché quelle part il convient de faire dans la vie humaine à la religion, à la science, à la philosophie. Tantôt les théologiens ont condamné la science et la philosophie, tantôt ils ont fait contre l'une alliance avec l'autre, tantôt ils ont recommandé les études scientifiques, philosophiques et théologiques, affirmant alors ou qu'elles portent sur un domaine spécial, ou qu'elles nous fournissent les mêmes réponses sur les questions qui intéressent le plus l'humanité. Les philosophes alliés aux savants, comme pendant le xviiie siècle, n'ont guère vu dans la religion qu'une superstition malfaisante; d'autres ont pensé que la philosophie, qui complète la science dont elle étudie les principes et généralise les résultats, est complétée par la religion qui nous conduit du naturel au surnaturel : ils se sont alliés aux théologiens contre les savants qui veulent supprimer la métaphysique et la religion. Les savants, auxquels les progrès réalisés depuis deux siècles dans le domaine où ils se sont renfermés, ont donné une grande confiance en leurs procédés d'investigation, ont fort souvent soutenu que la science doit succéder à la philosophie et à la religion; quelques-uns ont cru cependant qu'elle ne peut satisfaire complètement l'esprit humain, et voulant y ajouter la religion ou la philosophie, se sont présentés comme les auxiliaires de l'une ou de l'autre.

Nulle question n'offre à coup sûr plus d'intérêt pour l'humanité présente et future, mais nous ne nous proposons ni de l'aborder, (1) ni de la résoudre. Rechercher historiquement quels ont été chez les peuples civilisés les rapports des religions et des doctrines scientifiques ou philosophiques, en dégager peut-être quelques lois, faire la psychologie religieuse de l'homme aux époques où la religion a eu sur lui une action prépondérante, est une tâche

---

(1) Nulle part, à notre connaissance, cette question n'a été traitée dans les temps modernes, avec plus de pénétration, de sagacité et de largeur que dans un important article de M. Paul Janet, publié depuis l'impression de notre leçon. (*Rev. phil.*, janvier 1889).

assez considérable pour qui sait combien vaste est le domaine qui reste à explorer de ce côté de la science des religions.

L'Inde nous montre l'union étroite de la philosophie et de la théologie : le bouddhisme, par exemple, est un système mi-religieux et mi-philosophique qui a eu pour héritier Schopenhauer. On s'est demandé si la doctrine de Zoroastre est une métaphysique ou une religion, si la sagesse chaldéenne constitue une philosophie ou un système religieux; la même question se pose pour l'Égypte, qui a eu une influence dont il reste aujourd'hui encore à déterminer la portée sur la science et la philosophie grecques, qui a eu une action beaucoup mieux définie sur le gnosticisme. Quelle que soit d'ailleurs l'opinion que l'on adopte sur l'origine de la philosophie grecque, on ne saurait disconvenir que le culte public et le culte général en Grèce ont contribué à son développement; que la religion grecque, essentiellement naturaliste, a produit une philosophie naturaliste dont elle contenait en germe les concepts; que, d'un autre côté, les recherches scientifiques ont donné aux mystères un caractère philosophique. Thalès est un successeur des poètes et des théologiens, Xénophane attaque le polythéisme anthropomorphique, Parménide et Empédocle composent de véritables poèmes théologiques, Protagoras est accusé d'impiété. Socrate est condamné en partie parce qu'il n'admet pas les dieux de la cité. Platon raille les dieux du peuple, Aristote porte dans sa théologie une conception épurée de l'ancien Olympe, Diagoras est surnommé l'athée, Antisthène et les Cyniques s'opposent à la religion populaire et seront plus tard considérés par les chrétiens comme des auxiliaires. Prodicus, Critias, Évhémère, les Stoïciens interprètent les croyances populaires, et ces derniers y font entrer presque toute leur métaphysique. Épicure est bien moins un philosophe que le fondateur d'une religion nouvelle. Lucrèce et Cicéron combattent ou expliquent les croyances des Romains. Des disciples de Diogène, d'Antipater, de Panétius et même de Pyrrhon (1) forment des communautés qu'on peut comparer aux associations religieuses appelées thiases et éranes. Aristobule cherche à unir la théologie juive avec la philosophie grecque, Philon explique le judaïsme par un platonisme dans lequel se montrent quelques traces de pythagorisme, de stoïcisme et de péripatétisme. Plutarque, le prêtre d'Apollon, écrit sur l'oracle de Delphes, sur l'Un à Delphes, sur Isis et Osiris; Plotin attaque les gnostiques et reproduit quelques doctrines chrétiennes, Porphyre combat les chrétiens et

1) F. Picavet. *Un document important pour l'histoire du Pyrrhonisme* (Ac. des Sc. m. et pol. 1888).

s'adonne à la théurgie, Jamblique met la philosophie néo-platonicienne au service du polythéisme, l'empereur Julien le défend par ses actes et ses écrits; Proclus, auteur d'Éléments de théologie, ses disciples et ses successeurs combattent pour la religion grecque contre le christianisme triomphant. Chez les Grecs, chez les Romains grécisés, comme chez les autres peuples civilisés, la religion et la philosophie se sont donc fréquemment mêlées, et on ne peut bien comprendre l'une si l'on ne tient compte de l'autre.

Le christianisme, à son origine, fut dans une opposition complète avec la philosophie grecque. — Les Grecs, dit M. Zeller, cherchent le divin dans la nature, qui, corrompue par le péché, perd tout son prix pour les chrétiens en présence de la toute-puissance et de l'infinité du Créateur. Le Grec veut connaître les lois du monde, poursuit dans la vie humaine l'harmonie de l'esprit et de la nature; le chrétien renonce à la raison, corrompue par le péché, pour se réfugier dans la révélation; son idéal, c'est l'ascétisme, brisant tout lien entre la raison et la sensibilité : il remplace les héros qui luttent et jouissent comme des hommes, par des saints d'une apathie monastique, les dieux enflammés de désirs sensuels par des anges privés de sexe, un Zeus qui goûte et légitime toutes les jouissances terrestres par un Dieu qui se fait homme pour condamner ces jouissances par le sacrifice de sa vie. — Mais l'homme ne renonce pas du jour au lendemain à toutes les idées qui l'ont fait vivre pendant des siècles; il ne peut même pas, quand il le veut, faire table rase dans son esprit : quoi qu'on en ait et quoi que l'on fasse, les idées anciennes reparaissent et se mêlent à l'idéal nouveau, surtout quand elles sont étroitement associées à d'autres sentiments qu'on peut condamner, chercher à détruire, mais qui rarement disparaissent tout à fait de l'âme humaine, dont ils forment le fond le plus intime. La philosophie comme la civilisation grecque, que le christianisme semblait devoir supprimer, se fondront dans le christianisme et lui donneront ainsi un aspect tout nouveau. Mais pour renouer la tradition, pour déterminer ce qu'il convient d'emprunter au passé, la lutte sera longue et acharnée; on peut même dire qu'elle n'est pas terminée aujourd'hui encore et qu'elle s'est compliquée, avec les découvertes scientifiques et leurs applications industrielles, d'éléments nouveaux qui rendent la synthèse de plus en plus difficile.

On peut distinguer dans l'histoire du christianisme, considérée à ce point de vue, cinq périodes: dans la première qui va jusqu'au concile de Nicée ou plus exactement jusqu'au concile de Chalcédoine, se fait la genèse des dogmes fondamentaux. Dans la seconde, qui s'étend jusqu'à Charlemagne, la doctrine de l'Église se développe en prenant ces dogmes pour point de départ; puis toute science disparaît à la suite des invasions barbares. La troisième commence à la renaissance carolingienne; la quatrième, vers la fin du XII° siècle, quand des ouvrages grecs, arabes et juifs, traduits en latin, viennent donner un nouvel essor à l'activité intellectuelle. La cinquième commence au temps où la prise de Constantinople introduit en Occident de nouveaux manuscrits, où l'imprimerie met les œuvres antiques à la disposition d'un grand nombre de lecteurs, où la Renaissance littéraire et artistique est suivie de la Réforme religieuse, où la découverte d'un monde nouveau semble à son tour exciter les esprits à rejeter l'autorité des anciens qui en avaient ignoré l'existence.

Dans la première période, la théologie et la philosophie se combattent, se pénètrent, s'allient. Après les Apôtres et les Pères apostoliques, après la lutte contre le judaïsme et le paganisme, vient le gnosticisme. Au gnosticisme, en même temps qu'aux doctrines de Zoroastre, se rattachent Mani et les Manichéens. Le gnosticisme est un premier essai de philosophie chrétienne : s'il a fait des emprunts considérables aux doctrines de l'Orient, il s'est beaucoup inspiré, tout en la combattant parfois, de la philosophie ancienne. On a éclairé certains points de la doctrine de Saturnin, par des passages de Plutarque; les partisans de Carpocrate avaient une vénération presque égale pour Jésus, saint Paul et pour Homère, Pythagore, Platon, Aristote; Épiphane, le fils de Carpocrate, professa un communisme anarchique qui découle des principes de son père, mais aussi de la *République* de Platon; les doctrines de Basilide rappellent souvent celles de Platon, d'Aristote, de Philon. Valentin, qui avait reçu, dit-on, une éducation platonicienne, essaya de fondre le christianisme avec les doctrines orientales, mais aussi avec le platonisme, le pythagorisme et le stoïcisme. Plaçant la fin négative des hommes spirituels, à la façon des Pyrrhoniens, dans l'apathie ou le repos de l'esprit, leur fin positive dans une connaissance parfaite de Dieu acquise par la communauté tout entière, les Valentiniens ont préparé la philosophie des Pères et des néo-platoniciens d'Alexandrie. Les Manichéens ont donné de l'origine du mal une explication souvent reproduite. Saint Irénée, Hippolyte, Tertullien affirment que les gnostiques ont emprunté leurs doctrines à l'ancienne philosophie grecque et combattent ainsi à la fois les hérétiques et les philosophes; mais Plotin, qui n'avait aucune raison de maltraiter les derniers, soutient également que les gnostiques relèvent de Platon.

Les apologistes défendent le christianisme contre tous ses adversaires. Saint Justin, nourri dans la philosophie antique, croit avoir adopté une philosophie meilleure en embrassant le christianisme. Il est persuadé que presque toutes les doctrines chrétiennes sont contenues dans la philosophie et la mythologie païennes, incline vers le platonisme, mais trouve les Stoïciens des philosophes estimables. Parmi les hommes pieux, il compte Socrate, Héraclite, Musonius, les patriarches et les prophètes ; pour le développement du christianisme, il espère beaucoup de la philosophie ancienne. Or saint Justin a exercé sur ses successeurs une influence telle qu'on a pu dire de lui, non sans raison : *Justinus ipse fundamenta jecit, quibus sequens ætas totum illud corpus philosophematum de religionis capitibus quod a nobis hodie theologia thetica vocatur superstruxit.* Tatianus, qui avait été sophiste nomade, combat la civilisation, les mœurs, les arts et la science grecque, reproche aux philosophes leurs contradictions et devient lui-même le chef d'une secte gnostique. Athénagore connaît la philosophie grecque et surtout le platonisme, dont ses écrits portent presque partout l'empreinte ; en raison même de ses études profanes, il donne à la vie physique plus d'attention que les autres écrivains ecclésiastiques. Si Théophile déclare insensées les doctrines des poètes et des philosophes païens, s'il combat le platonisme et l'aristotélisme d'Hermogène et trouve beaucoup à reprendre à la philosophie de Platon, il fait cependant lui-même plus d'un emprunt au platonisme. Hermias veut prouver que les opinions des philosophes se contredisent, que la philosophie païenne est un don des démons issus de l'union des anges déchus avec les femmes de la terre. Saint Irénée écrit contre le Valentinisme et contre la science hellénique qui lui a donné naissance. Il est suivi par Hippolyte qui condamne tout à la fois la sagesse hellénique, les doctrines philosophiques, les mystères, l'astronomie. Tertullien, qui finit par s'attacher à l'hérésie de Montanus, combat avec acharnement la philosophie, mère des hérésies, Aristote qui a donné la dialectique aux hérétiques ; les Platoniciens, inspirateurs de Valentin ; les Stoïciens, qui peuvent revendiquer Marcion ; les Épicuriens, qui nient l'immortalité de l'âme ; tous les philosophes, qui rejettent la résurrection et sont les véritables patriarches des hérétiques. Mais Tertullien professe sur l'âme et sur Dieu des doctrines qui rappellent le stoïcisme ; il donne, sous une forme anticipée, l'argument de Descartes sur la véracité divine, soutient en platonicien que tout est disposé, dans l'univers, de manière à former le système le plus beau, témoignant ainsi, comme le dit

Ritter, d'une sympathie hétérodoxe pour la civilisation grecque, puisque le chrétien a moins affaire au beau qu'au bien et n'identifie nullement l'un avec l'autre. De même c'est à la conception antique de la justice distributive que Tertullien se rattache, quand il trouve la justice de Dieu si intimement liée à sa bonté qu'il refuse de la déduire de la nécessité des châtiments et soutient qu'elle est en rapport avec la répartition des contraires dans le monde. Enfin il réclame la liberté religieuse en termes que rappelleront souvent les philosophes du xviiiᵉ siècle. Ainsi cet homme, qui se dit l'ennemi de toute philosophie, est doué d'un esprit philosophique, il cherche à se rendre compte de la foi et prépare le développement de la philosophie chrétienne !

En réagissant contre les tendances polythéistes des gnostiques, les monarchianistes dépassent la doctrine de l'Église sur la Trinité. Or, dans la doctrine trinitaire, il convient, ce semble, de rapporter tout à la fois à l'histoire théologique des dogmes et à l'histoire de la philosophie chrétienne, ce qui repose sur des principes spéculatifs. D'ailleurs Hippolyte a comparé la doctrine de Noëtus à la doctrine héraclitéenne de l'identité des contraires, qui en est, selon lui, l'origine. On a remarqué des analogies entre Sabellius et Philon, on a dit que Sabellius se rattachait au panthéisme stoïcien et professait l'éternité de la matière; que dans les controverses sur la Trinité, ce fut surtout l'idée païenne du rapport du monde avec Dieu qui s'éleva contre le mystère chrétien; que les païens qui avaient adhéré en grand nombre au christianisme à l'époque des controverses ariennes, rendirent la philosophie grecque maîtresse de l'école et de la pensée chrétiennes.

L'école catéchétique d'Alexandrie chercha à mettre la philosophie grecque au service de la théologie chrétienne. Saint Clément, disciple du Stoïcien Panténus, ne se prononce pour aucun système, mais il marque une certaine préférence pour le platonisme; c'est un véritable éclectique qui croit que la Providence a, par les philosophes, préparé les païens à goûter la révélation du Christ, que la philosophie grecque, avant-courrière du christianisme, marche de pair avec les révélations des Juifs, qui affirme que refuser de reconnaître dans la philosophie un ouvrage divin, c'est blasphémer contre l'universalité de la divine Providence. La connaissance de la philosophie et de la science grecques lui semble absolument nécessaire pour l'intelligence de l'Écriture sainte; la dialectique stoïcienne, excellente pour prouver les vérités de la foi. Sa psychologie doit beaucoup à Platon et aux Stoïciens : on a pu montrer en lui un retour de la doctrine chrétienne du Rédempteur à la doctrine platonique du monde des Idées. Origène lut Platon, Numénius, Modératus, Cornutus. On a cru, probablement à tort, qu'il avait été disciple d'Ammonius Saccas. Ce qui est certain, c'est qu'il cherche à justifier la foi par des preuves philosophiques ; qu'il essaie de combler les lacunes qu'il croit trouver dans le christianisme par des doctrines empruntées aux philosophes grecs, à Platon, à Philon, aux Stoïciens, avec lesquels il voit en Dieu une substance qui pénètre le monde, dont il admet les théories sur la liberté, sur les germes, sur l'embrasement de l'univers; qu'il combat le Platonicien éclectique Celse, considéré par lui comme un Épicurien, mais fournit lui-même des armes aux Ariens et aux Pélasgiens. A peu près à la même époque, Minucius Félix, s'inspirant du *de Natura Deorum* de Cicéron, compose le dialogue dans lequel le chrétien Octavius, réfutant le païen Cécilius, soutient que presque tous les philosophes ont reconnu l'unité de la Divinité. Arnobe, formé par la philosophie païenne, exprime un certain nombre d'idées qui se rapprochent plus peut-être de la philosophie grecque que du christianisme : il loue Platon, et sera revendiqué par La Mettrie — ce que Condillac eût pu faire à plus juste titre — pour un de ses précurseurs. Lactance, rhéteur avant sa conversion, cite plus souvent les auteurs païens que l'Évangile, combat comme Tertullien la philosophie vaine et fausse, INANIS ET FALSA, met en relief les contradictions des écoles, mais s'inspire comme Arnobe du *de Natura Deorum* et emprunte des arguments aux Stoïciens, spécialement pour maintenir contre les Épicuriens le dogme de la Providence. Il affirme que si quelqu'un recueillait les vérités éparses dans les diverses écoles philosophiques, en faisait un choix et les réunissait en un seul corps, elles ne se trouveraient pas en contradiction avec les doctrines chrétiennes.

Le concile de Nicée formule les dogmes fondamentaux de l'Église ; il reproduit l'expression φῶς ἐκ φωτός, dont Plotin s'est servi pour désigner les rapports de l'Intelligence au Bien. Saint Athanase, qui a donné son nom à un Symbole, combat les Épicuriens qui nient la Providence, Platon, qui ne voit pas en Dieu le Créateur; mais il se rapproche souvent des néo-platoniciens et en particulier de Plotin.

L'Église chrétienne développe les doctrines acceptées par le concile de Nicée, définitivement triomphantes après le concile de Chalcédoine, et les défend contre les hérésies sans cesse renaissantes. Saint Basile, saint Grégoire de Nazianze, saint Grégoire de Nysse, les trois lumières de l'Église de Cappadoce, ont une grande estime pour Origène. Saint Basile et saint Grégoire de Nazianze passent quatre ou cinq ans à Athènes avec des néo-platoniciens et donnent une anthologie des écrits d'Origène. Saint Basile reproduit dans son ouvrage contre Eunomius, sous le titre de *Oratio de Spiritu sancto*, plusieurs pages de Plotin où il se borne à remplacer l'Ame du monde par l'Esprit saint : on a pu recueillir et mettre en parallèle un nombre assez considérable de passages identiques chez Plotin et saint Basile, en leur donnant pour titre *Basilius magnus Plotinizans*. Saint Grégoire de Nysse se rattache également au néo-platonisme et se propose de porter la philosophie ancienne dans la sphère de la théologie chrétienne : dans la *Création de l'homme*, il combine les propositions bibliques avec des doctrines platoniciennes, péripatéticiennes et une physiologie téléologique ; des digressions nombreuses sur les doctrines et certains passages de Platon nous indiquent sa préférence pour le platonisme. Synésius, disciple de la célèbre Hypathie avant d'être chrétien, conserve, comme évêque de Ptolémaïs, ses doctrines antérieures, ne croit pas à la destruction du monde, est disposé à admettre la préexistence des âmes, considère la résurrection comme une allégorie spirituelle, s'inspire du néo-platonisme dans ses poésies et reproduit en grande partie les idées de Plotin dans son Traité sur la Providence. Némésius, évêque d'Emèse, se rattache au péripatétisme et surtout au platonisme. Enée de Gaza, le disciple du néo-platonicien Hiéroclès, Jean Philopon, qui commente Aristote en accentuant la différence du platonisme et du péripatétisme, acceptent du néo-platonisme les doctrines qui s'accordent avec le dogme chrétien. Le Pseudo-Denys l'Aréopagite, dont les ouvrages paraissent avoir été composés vers la fin du v° siècle, n'emprunte guère au christianisme que les formules et les procédés extérieurs, le germe de sa pensée est tout païen : il développe, dans les Noms divins, la doctrine de Plotin sur le mal, sur la Providence, et semble avoir même subi l'influence de Jamblique et de Proclus. Maxime le Confesseur commente le Pseudo-Denys, dont il mêle les doctrines à celles de saint Grégoire de Nysse. Jean de Damas, dans la *Source de la connaissance*, expose l'ontologie aristotélique, combat les hérésies, donne des croyances orthodoxes une exposition systématique, pour laquelle il compile les deux Grégoire et saint Basile, Némésius et Denys l'Aréopagite ; il considère la philosophie, surtout la logique et l'ontologie, comme l'instrument de la théologie.

Dans l'Église d'Occident, saint Augustin a exercé une influence prépondérante sur les théologiens et les philosophes postérieurs. Élevé par une mère chrétienne, il professe d'abord la rhétorique et éprouve une impression profonde en lisant l'*Hortensius* de Cicéron. Séduit par le dualisme manichéen, il compose un ouvrage contre les Académiciens, puis il lit les écrits platoniciens dans la traduction de Victorinus. Saint Ambroise l'en félicite, parce que tous les raisonnements des Platoniciens tendent, dit-il, à élever l'esprit à la connaissance de Dieu et de son Verbe. Combattant ensuite les Manichéens en s'inspirant de Plotin, saint Augustin espère, pendant un certain temps, qu'il ne trouvera rien dans les Platoniciens qui soit contraire au christianisme, mais, après avoir hésité assez longtemps entre le christianisme et la philosophie ancienne, il se range tout à fait du côté du christianisme, sans cesser de croire cependant que les philosophes païens ont aperçu la vérité entourée de ténèbres. Il reste encore philosophe en empruntant aux Stoïciens la théorie si souvent reproduite, que la connaissance suppose le consentement de la volonté, à Plotin la théorie de la purification de l'âme, un exemple célèbre sur l'essence de la cire qui passera dans les *Méditations* de Descartes, et les doctrines sur l'immortalité. Ses théories sur la prédestination, la liberté et la grâce ont joué un rôle aussi important dans le développement de la philosophie que dans celui de la théologie; on a étudié à plusieurs reprises sa philosophie, sa psychologie, exposé son anthropologie, sa logique et sa dialectique, sa théorie de la connaissance et son importance pour le développement historique de la philosophie considérée comme science pure, sa théorie de la connaissance de soi-même comparée à celle de Descartes, sa philosophie de l'histoire, ses pensées philosophiques sur la Trinité, sa doctrine de l'immortalité. On l'a signalé avec raison comme un des principaux intermédiaires par lesquels saint Thomas, Bossuet, Malebranche, Fénelon, Leibnitz, ont connu les doctrines plotiniennes. Jansénius, Arnauld, Nicole et Pascal sont des disciples de saint Augustin, que réclament également l'histoire de la philosophie et celle de la théologie.

Après saint Augustin nous n'avons guère à citer, avant la renaissance carolingienne, que Claudius Mamertus, Marcianus Capella, Boèce et Cassiodore. Le premier dans le *de Statu animæ*, qui selon quelques auteurs a inspiré les *Méditations* de Descartes, suit surtout saint Augustin et Plotin. Marcianus Capella, dans son *Satyricon* que précèdent les *Noces de Mercure et de la Philologie*, donne une sorte d'encyclopédie qui aura un grand succès au moyen âge. Boèce, formé par les néo-platoniciens, traduit, explique et commente des écrits d'Aristote, de Porphyre, de Cicéron; il reproduit dans son *de Consolatione philosophiæ* les idées de Plotin sur le temps, l'éternité, sur la théorie stoïcienne de la sensation, la Providence, le Destin, etc. Cassiodore relève d'Apulée, de Boèce, de saint Augustin, et reproduit en grande partie la psychologie de Plotin. Isidore de Séville suit Boèce et Cassiodore, qu'il joint à des extraits des Pères de l'Église.

Sur cette période de l'histoire du christianisme, les sujets d'étude ne manqueraient pas : en utilisant les nombreux travaux déjà publiés, mais surtout en comparant soigneusement les textes, on chercherait ce que chaque écrivain chrétien a connu des philosophes grecs et latins, ce qu'il leur a réellement emprunté, comment il a concilié ces emprunts avec les dogmes chrétiens, comment les doctrines philosophiques ont pris un caractère nouveau en passant de l'école dans l'Église. On chercherait de même dans quelle mesure les doctrines philosophiques ont contribué à donner aux dogmes la forme qu'ils présentent après les conciles de Nicée et de Chalcédoine, ce qu'il convient d'entendre par le platonisme des Pères, à propos de chacun desquels on se demanderait quelles questions et quelles réponses leur ont fournies Platon, Plotin et leurs disciples. On étudierait la fortune du péripatétisme, du stoïcisme, de l'épicurisme, du pyrrhonisme, de chacun de leurs représentants dans l'Église jusqu'à Charlemagne. On suivrait les discussions des théologiens et des philosophes, appelant les uns et les autres les anciens à leur secours, on essaierait de retracer la lutte qui s'est livrée entre la théologie et la philosophie chez un saint Augustin et un Synésius. On verrait quel rôle ont joué les philosophes dans les controverses entre païens et chrétiens, entre orthodoxes et hérétiques, au temps de Marc-Aurèle, de Plotin ou de Julien. On chercherait enfin jusqu'à quel point il convient de considérer les philosophes grecs comme les *patriarches des hérétiques*.

II

A partir du ve siècle, les Vandales, les Wisigoths, les Burgondes, les Francs, les Huns envahissent l'empire d'Occident, pillant, brûlant, massacrant sur leur passage. Les guerres de Clovis, de ses fils, de ses successeurs, l'invasion des Arabes, firent disparaître la civilisation romaine. Le viie siècle, auquel il faut joindre la plus grande partie du viiie, est, comme l'ont montré les auteurs de la France littéraire, un siècle d'ignorance. Les ecclésiastiques et les moines, qui seuls savaient à peine lire et écrire, ignoraient toute autre chose. Un évêque d'Auxerre s'emparait à main armée des pays d'Orléans, de Tonnerre, d'Avallon, de Troyes et de Nevers; les règlements des conciles portent que les évêques et les prêtres s'instruiront des saints canons, des règles de l'Église, qu'ils ne laisseront plus les simples fidèles dans l'ignorance des premiers principes du christianisme.

L'époque qui va de Charlemagne à la fin du XVe siècle est une des plus glorieuses, des plus tourmentées et des plus vivantes dans l'histoire du christianisme. C'est la période des Croisades, des luttes entre le sacerdoce et l'empire, de la paix et de la trêve de Dieu, de l'inquisition et de la chevalerie. La terre se couvre, comme le dit Raoul Glaber, d'un blanc manteau d'églises, de cathédrales; on élève des monastères où l'on copie les manuscrits et où l'on rédige des chroniques, des écoles, des universités, dont les maîtres et les écoliers parcourent l'Europe; on représente les mystères, on compose les légendes. On croit à l'intervention incessante de Dieu, des anges, des démons; on renonce à une vie criminelle pour se livrer aux austérités les plus rudes et faire son salut. Après la scission qui se produit dans l'Église au XVIe siècle, les guerres de religion en Allemagne, en France, en Angleterre, l'institution des jésuites, les querelles des jansénistes, des molinistes, des quiétistes, des protestants et des catholiques nous montrent que les questions religieuses préoccupent encore avant tout les hommes et les peuples.

Or, jamais les rapports de la religion, de la science et de la philosophie n'ont été plus intimes, plus incessants qu'à l'époque où le christianisme tenait une place aussi importante dans la vie de l'Occident. On convient généralement que l'union de la théologie et de la philosophie est le trait dominant des VIIIe, IXe, Xe, XIe, XIIe, XIIIe, XIVe et XVe siècles; nous avons indiqué déjà qu'il convient d'en dire autant du XVIe et du XVIIe.

Qu'il nous suffise de rappeler, pour l'époque antérieure à la Réforme, Jean Scot et Gerbert, Pierre Damien et saint Anselme, Abélard et Pierre le Lombard, Walther de Saint-Victor qui appelle Abélard, Pierre le Lombard, Gilbert et Pierre de Poitiers, les quatre labyrinthes de la France, parce que, *enflés*, dit-il, *par l'esprit aristotélique, ils ont traité avec une légèreté scolastique de l'ineffable Trinité et de l'Incarnation*; Jean de Salisbury, Raymond de Tolède; les décisions prises à l'égard de la métaphysique et de la physique d'Aristote en 1210, en 1215, en 1231; l'enseignement d'Albert le Grand, de saint Thomas, de Duns Scot, l'opinion des théologiens qui voient en Aristote le précurseur du Messie dans les mystères de la nature, comme saint Jean a été son précurseur dans les mystères de la grâce.

Des rapports aussi intimes subsistent entre la théologie et la philosophie après la Réforme et aux premiers temps de la philosophie moderne. Si Luther croit d'abord qu'il faut détruire de fond en comble les canons, les décrétales, la théologie, la philosophie et la logique scolastiques; que l'Aristote des scolastiques est l'œuvre des papistes; que l'Aristote véritable, naturaliste et niant l'immortalité de l'âme, est pour la théologie ce que sont les ténèbres par rapport à la lumière, Mélanchthon comprend que la Réforme ne peut se passer de philosophie. Or l'épicurisme manque trop du divin, les Stoïciens sont trop fatalistes dans leur théologie, trop orgueilleux dans leur morale, Platon et les néo-platoniciens trop hérétiques et trop indécis, la moyenne Académie trop sceptique : on ne peut donc choisir qu'Aristote. Et Mélanchthon convertit à ses idées Luther qui finit par regarder Aristote comme le plus pénétrant des hommes et sa *Morale*, que Mélanchthon déclarait une pierre précieuse insigne (*insigna gemma*), comme un excellent ouvrage. Quant à Mélanchthon, il s'efforce d'unir la raison et la foi en sacrifiant Aristote quand il est en opposition absolue avec la foi, en l'unissant quelquefois avec Platon. Descartes met à l'écart les vérités de la foi et refuse d'examiner les fondements de sa religion comme il a examiné les fondements de sa philosophie; mais il reproduit en certains points saint Anselme et saint Augustin, il reçoit des objections et des encouragements des théologiens, et quand on lui fait remarquer qu'il ne lui sert de rien de protester de son attachement à la foi, s'il ne montre que ses principes peuvent s'accorder avec la doctrine de l'Église sur la présence réelle, il essaie de s'expliquer, en partant des termes du concile de Trente sur l'extension du corps de Jésus-Christ dans le sacrement, conformément aux principes de l'étendue essentielle, sans recourir aux accidents absolus. Ses lettres au P. Mesland inquiètent Bossuet, fournissent aux réformés des armes contre le concile de Trente, sont violemment attaquées par les jésuites, qui accusent les Cartésiens d'être d'accord avec les Calvinistes et nous expliquent en partie la persécution à laquelle le cartésianisme fut en butte, à peu près à l'époque où l'on préparait la révocation de l'édit de Nantes. Spinoza compose un traité théologico-politique dans lequel il emploie à l'égard des Écritures un système d'interprétation qui n'épargne pas la personne du Christ;

Bossuet, Malebranche, Fénelon, les jansénistes et les jésuites discutent, au point de vue théologique et au point de vue philosophique, les questions de la nature et de la grâce, de la liberté et de la prédestination. Malebranche écrit des Conversations métaphysiques et chrétiennes, des Méditations métaphysiques et chrétiennes, des Entretiens sur la métaphysique et la religion, dont les titres montrent bien qu'il veut unir l'une et l'autre. Leibnitz place en tête de ses *Essais de théodicée* un important discours sur la conformité de la raison avec la foi : il cherche à réunir les catholiques et les protestants, comme il s'efforce de concilier les doctrines des philosophes.

Si le XVIIIe siècle est une époque de lutte, où les théologiens condamnent les philosophes et font brûler leurs livres, tandis que les philosophes combattent les théologiens par le raisonnement et par le ridicule, si la théologie reprend l'offensive au XIXe siècle au temps de De Bonald, de Frayssinous, de Lamennais, de J. de Maistre, il ne faut pas croire qu'il y ait, même à cette époque, séparation absolue entre la religion, la science et la philosophie. Voltaire, d'Alembert, Helvétius, d'Argens se servent d'arguments théologiques, tandis que le cardinal de Polignac, l'abbé de Lignac défendent le cartésianisme et que les théologiens ne dédaignent pas, en général, les arguments philosophiques. Kant doit beaucoup au piétisme, et sa philosophie a produit un mouvement considérable dans la théologie allemande ; Schleiermacher, Baader, Strauss, sont des théologiens et des philosophes. M. de Biran commente l'évangile de saint Jean ; V. Cousin écrit à Pie IX, en 1856, qu'il poursuit l'établissement d'une philosophie *irréprochable, amie sincère du christianisme*. Buchez, Bautain, Gratry, Ballanche, peut-être même Pierre Leroux et Jean Raynaud, relèvent autant du christianisme que de la philosophie.

Pour indiquer l'influence plus grande encore que la théologie a exercée sur la philosophie, du VIIIe siècle à la fin du XVIIe, il suffit de rappeler que seuls, au moyen âge, les clercs enseignent et ont le droit d'enseigner, que les philosophes d'alors sont des saints, des évêques, des moines, des papes ; que les laïques acceptent l'autorité de l'Église ou tout au moins celle des Écritures; que les orthodoxes trouvent par suite dans le dogme, pour un certain nombre de questions capitales, des solutions auxquelles la philosophie n'a plus qu'à donner une forme plus claire et plus logique, que les hérétiques eux-mêmes conservent sur plus d'un point les enseignements de l'Église ou les doctrines de l'Écriture.

III

Si la philosophie et la théologie se sont pénétrées, combattues ou alliées du VIII° au XVII° siècle, on peut dire que jamais leurs rapports n'ont été plus complexes et plus difficiles à définir. On sait quelle était, au temps de Charlemagne, l'ignorance des hommes qu'il s'agissait de rappeler aux études littéraires. Étrangers pour la plupart à la science ancienne et à l'érudition, ils eurent successivement à leur disposition, du VIII° au XII° siècle, le *Timée* de Platon, traduit et commenté par Chalcidius, l'*Isagoge* de Porphyre, traduite par Victorinus et par Boèce, un traité des *Dix catégories* que l'on prenait à tort pour une traduction augustinienne de l'ouvrage d'Aristote; une traduction, par Boèce, de l'*Interprétation*. Un peu plus tard on eut les versions latines par Boèce des premiers et des seconds *Analytiques*, des *Topiques* et des *Réfutations des sophistes*. On possédait encore les *Topiques* et peut-être d'autres ouvrages de Cicéron; le *Syllogisme catégorique*, la *Philosophie naturelle* et probablement les ouvrages philosophiques d'Apulée; les œuvres authentiques de saint Augustin et des *Principes de dialectique*, contenant des sentences stoïciennes, qui lui étaient faussement attribués; les *Saturnales*, le *Commentaire sur le Songe de Scipion* de Macrobe; l'Encyclopédie de Capella; l'*Institution des lettres divines* de Cassiodore; le *Livre des Origines*, d'Isidore de Séville; deux Commentaires de Boèce sur l'*Isagoge*, deux sur l'*Interprétation*, son Traité de la *Consolation*, puis, au X° siècle, ses commentaires des *Catégories*, des *Topiques* de Cicéron, ses *Traités* sur la division, la définition, le syllogisme hypothétique, le syllogisme catégorique et les différences topiques. Enfin Jean Scot traduit le Pseudo-Denys l'Aréopagite et écrit son livre sur la *Division de la nature* (1). Alcuin et ses successeurs n'avaient donc d'Aristote que des ouvrages logiques; leur métaphysique leur vint d'ailleurs. Des esprits assez incultes n'auraient guère pu tirer parti des doctrines acataleptiques ou éclectiques de Cicéron, dont les unes répugnaient à leur besoin de croire et d'affirmer, dont les autres montraient entre les philosophes un accord qui n'avait pas existé; Capella et Isidore ne sont que des compilateurs. Il restait donc, pour la formation des doctrines philosophiques, le *Timée* et Chalcidius, Apulée, saint Augustin,

---

(1) JOURDAIN, *Recherches critiques sur l'âge et les origines des traductions latines d'Aristote*; HAURÉAU, *Histoire de la philosophie scolastique*; PRANTL, *Gesch. der Logik*.

Macrobe, Cassiodore, Boèce, le Pseudo-Denys l'Aréopagite et Jean Scot. Or Chalcidius, qui n'était peut-être pas même chrétien, se rapproche de Plotin et soutient plus d'une doctrine absolument opposée à celle de l'Église ; Apulée est un Platonicien qui combat les Péripatéticiens et que saint Augustin place, à côté de Plotin, de Porphyre et de Jamblique, parmi les meilleurs philosophes. Saint Augustin est un véritable néo-platonicien ; Macrobe, comme l'a bien montré M. Bouillet, résume fidèlement la théorie des trois hypostases, les livres de Plotin sur l'homme et l'animal, sur le ciel, reproduit ses théories sur la séparation de l'âme et du corps, sur l'âme universelle et le gouvernement du monde. Cassiodore, Boèce et le Pseudo-Denys l'Aréopagite ne sont guère que des échos du néo-platonisme.

Ainsi les chrétiens d'Occident se trouvent, à la renaissance carolingienne, en présence des doctrines qui avaient déjà inspiré les Pères et les docteurs, mais qui avaient été aussi celles des plus ardents défenseurs du polythéisme. Moins encore que leurs prédécesseurs, ils possèdent l'esprit critique : aussi ne croient-ils nullement être en présence de doctrines hétérodoxes ; saint Augustin et surtout Denys, dont plusieurs papes avaient invoqué l'autorité, les empêchent même de soupçonner que leur orthodoxie court quelque danger. L'influence exercée indirectement par le néo-platonisme fut profonde et durable : David de Dinant, Albert le Grand, saint Thomas, Dante, tous les mystiques, Bossuet, Fénelon, Malebranche, Leibnitz le reproduiront en plus d'un point et sans en avoir conscience, Pierre Ferno croira servir les intérêts de la religion en publiant le texte grec de Plotin.

Au xiiie siècle ont lieu les croisades contre les schismatiques, les hérétiques, les infidèles, des guerres entre les nations et, dans les nations, entre les rois et les seigneurs, des massacres sans cesse renouvelés, des persécutions incessantes. On fonde les Universités et la Sorbonne ; les plus grands docteurs apparaissent avec les Franciscains et les Dominicains. On lit la *Métaphysique*, la *Physique*, le *Traité de l'âme* d'Aristote, les commentaires des néo-platoniciens, Al-Kendi, Al-Farabi, Avicenne, Avicebron, Avempace, Averroès, Maïmonide, le *Livre des Causes*. Nous savons que les philosophes arabes avaient déjà essayé de concilier les théories d'Aristote et de ses commentateurs avec le Coran, qu'ils avaient été accusés d'encourager l'audace des hérétiques, que leurs livres avaient été brûlés et à Bagdad et en Espagne, qu'ils avaient été eux-mêmes persécutés. Nous savons également que les juifs, et spécialement Maïmonide, avaient voulu concilier le judaïsme et la philosophie qui, par les Arabes, leur était venue d'Aristote et des néo-platoniciens.

Or, en laissant de côté les travaux métaphysiques d'Aristote, nous voyons que les ouvrages d'Al-Kendi, d'Al-Farabi, d'Avicenne, d'Avicebron qu'on a compté parmi les panthéistes les plus résolus, d'Avempace, d'Averroès, qui trahissent l'influence néo-platonicienne, de Maimonide qui a inspiré peut-être Spinoza, que le *Livre des Causes*, qui reproduit une partie de l'*Institution théologique* de Proclus, donnent, comme les commentaires de Simplicius, de Philopon, d'Alexandre d'Aphrodise, une nouvelle force aux doctrines néo-platoniciennes déjà connues dans l'époque précédente et rendent de plus en plus difficile l'union de la philosophie et de la théologie, que cherchent alors de bonne foi la plupart des penseurs. Il ne s'agit plus seulement, ce qui était déjà une tâche bien difficile, de concilier avec les doctrines orthodoxes les théories des néo-platoniciens presque tous partisans de la religion hellénique, il faut encore concilier avec elles celles des philosophes qui ont déjà essayé de les mettre en harmonie avec le judaïsme et le mahométisme. Aussi ne faut-il pas s'étonner de rencontrer alors beaucoup d'hérétiques se rapprochant plus ou moins de David de Dinant et d'Amaury de Bennes, beaucoup de théologiens et de philosophes, considérés alors comme orthodoxes, dont les doctrines, en plus d'un point, sont celles des hommes condamnés par l'Église ! Pétrarque a pu dire, non sans raison, qu'au xiv° siècle Aristote tenait la place du Christ, Averroès celle de saint Pierre, Alexandre celle de saint Paul; Brucker a montré qu'Avicenne a été, jusqu'à la Renaissance, le maître principal, sinon le seul, des Arabes et des chrétiens; M. Renan, que l'histoire des vicissitudes de l'interprétation alexandrine du péripatétisme pendant la Renaissance se confond avec l'histoire même de la philosophie et de la religion à cette époque.

Bien plus difficile encore est la tâche de l'historien qui veut démêler pendant la dernière des périodes que nous avons indiquées les rapports de la théologie et de la philosophie. Les Grecs ont apporté de nouveaux manuscrits en Occident, l'imprimerie récemment découverte met à la disposition de ceux qui travaillent Platon, Aristote avec des commentaires d'Averroès, d'Alexandre d'Aphrodise, de Syrianus, de Simplicius, de Jean Philopon ; Plotin, Cicéron, Sénèque, Jean Scot, saint Anselme, saint Thomas, Roger Bacon, Gerson, Tauler et presque tous les auteurs du moyen âge, les Pères, les docteurs et les écrivains ecclésiastiques des huit premiers siècles. En outre on fortifie par de nouveaux arguments d'anciennes doctrines. Pomponace et ses disciples affirment que les principes d'Aristote sont en désaccord avec ceux que lui ont prêtés les scolastiques et ce qu'enseigne l'Église; Télésio reproduit Parménide; Juste Lipse, les doctrines stoïciennes; Magnon, celles de Démocrite; Bérigard, celles des Ioniens et d'Anaxagore; Gassendi se rattache à Épicure, Ramus à Socrate, Bruno au néo-platonisme; Campanella veut étendre la réforme de Télésio à toute la philosophie et trouve dans la Trinité l'explication de toutes les sciences (*illustratio omnium scientiarum*); Montaigne, Charron, Sanchez, La Mothe Le Vayer reviennent au scepticisme.

En même temps que les doctrines philosophiques se heurtent ainsi entre elles, il y a lutte chez les luthériens, chez les calvinistes, chez les catholiques; il y a lutte entre luthériens, calvinistes et catholiques, entre théologiens et philosophes. De plus la science, qui se sépare alors de la philosophie, vient rendre la conciliation plus difficile ou la guerre plus acharnée : les découvertes de Copernic, de Galilée, de Képler, des académiciens de Florence, de Boyle, de Harvey, de Malpighi, de Leuwenhoek, de Swammerdam, de Ruisch et de Sydenham; les recherches philosophiques et scientifiques de Descartes et de son école, celles de Bacon et de ses successeurs, contribuent tout à la fois à déconsidérer Aristote et les anciens, la philosophie des scolastiques et les solutions qu'ils avaient données des rapports de la raison et de la foi, à lancer les esprits dans une direction nouvelle, obligent les théologiens à examiner de nouveau comment il convient de résoudre les questions qui intéressent la science, la philosophie et la religion, les savants et les philosophes soucieux de rester orthodoxes, à se demander comment leurs doctrines peuvent s'accorder avec les dogmes.

IV

Pour étudier l'histoire des rapports de la théologie et de la philosophie, il faut examiner non seulement les œuvres des philosophes et des théologiens, mais encore les décisions des conciles, les bulles des papes, les doctrines des hérétiques, les travaux historiques, littéraires et juridiques, ceux des astrologues et des alchimistes, pour y relever tout ce qui peut servir à la faire plus exacte, plus précise, plus complète; il faut s'occuper des bibliothèques et des manuscrits, des universités et des écoles, des ordres religieux dont les membres acceptent en commun un certain nombre de doctrines : les Dominicains et les Franciscains, saint Thomas et saint Bonaventure, tous deux canonisés par l'Église, offrent des différences profondes dans leur œuvre. De même encore, il faut essayer de faire la philosophie de l'art chrétien, de montrer ce qu'il doit à l'art antique et en quoi il en diffère. Il convient de faire la psychologie de chacun de ceux dont on étudie les œuvres, de ceux qui ont joué un rôle littéraire, politique, philosophique ou religieux; car on pourra peut-être, en rapprochant les résultats ainsi obtenus, avoir une notion plus exacte des idées, des sentiments qui dirigeaient la conduite des hommes de cette époque : la psychologie de Gerbert, de Raoul Glaber, de Pierre l'Ermite et de Godefroy de Bouillon, par exemple, sera aussi utile, pour atteindre ce but, que l'étude des œuvres philosophiques et théologiques.

Quant à la méthode que nous suivrons dans cette étude, nous nous bornerons à résumer brièvement ce que nous avons exposé ailleurs (1). Nous réunirons d'abord les textes, originaux, fragments, expositions ou mentions, puis nous ferons l'histoire bibliographique des manuscrits et des éditions, nous examinerons l'authenticité et la valeur des textes; nous nous appuierons, pour les interpréter et les exposer, sur les travaux des philologues et des psychologues, sur les travaux des historiens qui ont étudié les institutions, les sociétés, les lettres, les sciences et les arts. Enfin nous exposerons ce que contient chacun de ces textes, en nous demandant quelles questions se posait l'auteur et quelles réponses il y faisait, quelle importance il attachait aux unes et aux autres; nous réunirons les résultats auxquels nous aura conduit l'étude de toutes ses œuvres et nous rechercherons ce qu'il doit à ses prédécesseurs ou à ses contemporains, ce qui lui appartient en propre, ce qu'il a donné à ses contemporains et transmis à ses successeurs, historiens, artistes, littérateurs, savants, philosophes et théologiens.

Nous ne prendrons pas une question spéciale pour rechercher les solutions diverses qui lui ont été données du VIIIe au XVIIIe siècle, car nous craindrions, en l'isolant de celles auxquelles elle était unie ou subordonnée, de faire prédominer nos idées contemporaines, de nous éloigner de la vérité historique ; mais nous aurons à suivre chronologiquement un certain nombre de questions qui sont d'une importance égale pour l'histoire de la philosophie, de la théologie et de la civilisation. Bornons-nous à en indiquer quelques-unes. La question de l'origine du mal, résolue implicitement ou explicitement en Orient et en Grèce, abordée par les Pères de l'Église auxquels elle s'imposait, puisque le christianisme promet-

---

(1) F. PICAVET, *l'Histoire de la philosophie, ce qu'elle a été, ce qu'elle peut être*. Alcan, 1888.

tait de délivrer du mal physique et moral, a été reprise par les philosophes et les théologiens du moyen âge et transmise par eux à la philosophie moderne, à Malebranche, à Bayle et à Leibnitz, à Voltaire et à Rousseau, à Schopenhauer et à Hartmann. La preuve ontologique rappelle Épicure, saint Anselme et Gaunilon, saint Thomas et Gerson, Descartes, Gassendi et Spinoza, Leibnitz et Kant. A travers tout le moyen âge et la Renaissance, chez les chrétiens, les Arabes et les juifs, nous suivrons les théories sur la nature et la destinée de l'âme; nous comparerons à ce sujet les livres des philosophes, les décisions des conciles et des papes, les affirmations des catholiques et des protestants. Nous étudierons chez saint Thomas une curieuse théorie des passions, qui rappelle Aristote et annonce Descartes, chez Cardan la renaissance de la doctrine épicurienne. Nous examinerons les théories sur le libre arbitre, sur la grâce et la prédestination, la prescience et la Providence divines, — dans lesquelles il est si difficile de faire la part de la philosophie et de la théologie, — chez Boèce, saint Anselme, Abélard, saint Bernard, Pierre le Lombard, saint Thomas d'Aquin, Duns Scot, Buridan, Wickleff, Luther, Érasme et Calvin, dans les décisions du concile de Trente, chez les jansénistes et les molinistes, chez Descartes, Malebranche et Leibnitz. Nous rechercherons quelles transformations cette question a subies en passant des philosophes grecs aux théologiens chrétiens, en revenant des théologiens aux philosophes. Nous verrons en morale Abélard montrer le rôle de la conscience dans la moralité, faire reposer la distinction du bien et du mal sur la volonté arbitraire de Dieu, placer le souverain bien dans l'amour de Dieu, le bien et le mal moral dans l'intention; saint Thomas, mêler la morale d'Aristote et la morale chrétienne; saint Bernard, Hugues et Richard de Saint-Victor, l'auteur de l'*Imitation*, unir la morale chrétienne avec les doctrines néo-platoniciennes; Malebranche, l'allier aux principes cartésiens; Kant, unir une morale piétiste à des doctrines venant de Voltaire, de Rousseau et des Écossais. Nous ferons l'histoire de la longue querelle qu'ont soulevée, à propos des universaux, les nominalistes, les réalistes, les conceptualistes et les autres sectes qui se produisirent à côté de ces trois grands partis. Nous indiquerons comment chacun d'eux entendit la doctrine théologique de la Trinité et quel jugement ont porté sur leurs théories les conciles, les papes et les théologiens.

Nous montrerons quel emploi on a fait du syllogisme en matière philosophique et en matière théologique, quel rôle a joué la terminologie que Jean XXI a résumée dans ses *Summulæ*. Avec

R. Bacon, nous étudierons un précurseur de la science moderne ; avec Képler, un homme dont la science et le mysticisme se disputent la possession.

Nous essayerons d'indiquer avec précision non seulement comment les théologiens, les philosophes et les savants ont conçu en général les rapports de la philosophie, de la science et de la religion, mais comment ils ont, sur chacune des questions qui peuvent être considérées comme appartenant à des titres divers à ces trois domaines, déterminé la part de chacune d'elles ; comment les dogmes fondamentaux, par exemple, ont été jugés par les philosophes et les savants, comment les principes métaphysiques et les doctrines scientifiques ont été appréciées par les théologiens. Nous exposerons les arguments philosophiques par lesquels les théologiens ont cherché à faciliter l'intelligence de la Création, de la Trinité, de l'Incarnation, de la Transsubstantiation, les arguments théologiques par lesquels les philosophes ont voulu montrer que leurs doctrines n'étaient pas en désaccord avec ces dogmes. Nous étudierons la théodicée orthodoxe, qui s'accorde avec la théologie catholique, chez saint Thomas, et la théodicée hérétique, où dominent des tendances panthéistiques et néo-platoniciennes, chez Jean Scot, David de Dinant, Amaury de Benne, G. Bruno, Spinoza. Nous verrons quels arguments théologiques et philosophiques ont employés les défenseurs et les adversaires du pouvoir spirituel et du pouvoir temporel dans la grande lutte où l'on rencontre Hincmar, Grégoire VII et Henri IV, Thomas Becket, saint Bernard et Innocent III, Boniface VIII et Philippe le Bel, le Dante et Occam, des bulles papales et des édits royaux, des dissertations juridiques et des ouvrages populaires, comme le *Dialogue entre un clerc et un soldat* ou le *Songe du Vergier*. Nous exposerons de même ceux par lesquels on a combattu ou justifié le droit de punir des hérétiques chez les catholiques, les luthériens et les calvinistes, chez Bayle et les Encyclopédistes. Nous nous demanderons s'il faut voir en Jean de Salisbury un précurseur de la politique démocratique et théocratique, pratiquée par la Ligue et encore en honneur chez bon nombre de nos contemporains, s'il faut voir dans les ordres mendiants les prédécesseurs des réformateurs qui ont de nos jours voulu changer la constitution de la propriété. Nous montrerons comment l'esclavage a été justifié ou combattu par les théologiens, les philosophes, les politiques.

D'un autre côté, nous prendrons un des ouvrages de l'antiquité qui ont été lus par les théologiens et les philosophes dont nous chercherons à faire connaître la doctrine. Nous choisirons par exemple, le Περὶ ψυχῆς d'Aristote ; nous en comparerons le texte, tel qu'il est actuellement constitué, avec les traductions et les commentaires latins dont se servaient ces auteurs ; nous chercherons, après avoir rappelé ce que se demandait Aristote et ce qu'il affirmait, à établir quelles questions ce traité a servi à poser, quelles solutions il a fournies à ceux qui l'ont consulté, quelle influence il a exercée sur la philosophie et la théologie, quelle influence ont exercée sur la philosophie ultérieure les doctrines ainsi constituées. Nous ferons ensuite les mêmes recherches sur tous les autres écrits d'Aristote, puis, réunissant tous ces résultats partiels, nous pourrons montrer ce qu'a été l'aristotélisme dans le moyen âge, ce que les doctrines qu'il a fait éclore ont transmis aux philosophes et aux théologiens modernes (1). Ce que nous ferons pour Aristote, nous essayerons de le faire pour les ouvrages des autres philosophes de l'antiquité, des philosophes arabes et juifs, pour ceux des Pères de l'Église et des écrivains ecclésiastiques, quand ils traitent des questions qui intéressent à la fois la philosophie et la théologie. Nous espérons établir, ou tout au moins montrer comment il convient d'établir, d'une façon aussi exacte que possible, ce qui revient, du VIIIe au XVIIIe siècle, au platonisme, au néo-platonisme, au pyrrhonisme, au stoïcisme et à l'épicurisme, à l'averrhoïsme, à saint Augustin, à Boèce et au Pseudo-Denys l'Aréopagite.

La critique et l'examen des textes accompagneront ainsi l'histoire suivie des rapports de la théologie et de la philosophie, lui serviront par conséquent de vérification et de justification.

En résumé, indiquer comment on peut étudier les rapports de la religion et de la philosophie chez les Indous, les Égyptiens, les Perses, les Grecs et les Romains, montrer ce que doivent à la philosophie ancienne la philosophie et la théologie de l'Occident du VIIIe au XVIIIe siècle, ce qu'elles ont fourni à la philosophie et à la science modernes, telle est la tâche que nous nous proposons de mener à bonne fin, avec l'aide de ceux qui s'intéressent à l'histoire des religions, des sciences, des philosophies, et qui pensent que les problèmes qu'elles cherchent à résoudre ont une importance capitale pour le progrès de la civilisation et l'avenir de l'humanité.

(1) Nous montrerons aussi par contre ce qu'Aristote doit, pour la précision et la clarté, aux commentateurs grecs et aux hommes du moyen âge.

Paris. — Typ. G. Chamerot, 19, rue des Saints-Pères. — 23760.

www.ingramcontent.com/pod-product-compliance
Lightning Source LLC
Chambersburg PA
CBHW070457080426
42451CB00025B/2772